jet

De verhalen in de serie *top* zijn geschreven op het laagste AVI-niveau en daarmee geschikt als eerste boeken om zelf te lezen. Door de leuke, grappige of beetje spannende verhalen met prachtige illustraties vormt de *top*-serie een mooie overgang van prentenboeken naar leesboeken. Veel leesplezier!

STICHTING NEDERLANDSE
KINDERJURY
2009

LEESN!VEAU

		ME	ME	ME	ME	ME	
AVI	S	3	4	5	6	7	P
CLIB	S	3	4	5	6	7	8	P

ruzie | humor | goedmaken

Toegekend door Cito i.s.m. KPC Groep

© 2008 Educatieve uitgeverij Maretak, Postbus 80, 9400 AB Assen

Tekst: Erik van Os en Elle van Lieshout
Illustraties: Hugo van Look, met dank aan Daniëlle Roothooft
Vormgeving: Gerard de Groot
ISBN 978-90-437-0350-5
NUR 140
AVI START

oo, wat dom!

Erik van Os en
Elle van Lieshout

Hugo van Look

Maretak

1 boos!

dit zijn mat en jet.
mat is de man van jet.
en mat is boos.
heel boos!
boos op jet.

ook jet is boos.
boos op mat.
wat een man is dat!
jet is het zat.

'zeg, mat!
ik ben het zat.
ik wil bij je weg.
ik meen het, mat.
dan weet je dat.'

'daar zeg je me wat.
ik ben het óók zat.
al loop je naar de maan!
van mij mag je gaan.'

2 de hut

'zeg, mat.
ik ben de baas in de hut.
dus de hut is van mij.'

'dat zeg jij!
maar ík ben de baas, jet.
de hut is ook van mij.'

'ik pak de zaag.
kijk, jet.
dat deel mag jij.
maar dit deel is van mij.'

 'oo nee, mat!
laat dat!'

oo, oo, daar gaat het dak.
daar gaat de muur.
en nóg een muur.
wam!
bam!
dat was de hut dan.

3 de vis

'zeg, mat.
de hut is weg.
dan neem ik de vis maar.
de vis in het ven.'

'nee, jet!
de vis is van mij.'

'ik ben de baas, jet.
de baas van het ven.
en dat weet jij!
de vis is dus van mij.'

4 de boom
en de kar

mat gaat naar de boom.
jet gaat met hem mee.

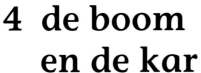 'weg, jet!
ik ben de baas.
dus ook van de boom.
de boom is van mij.'

'ik pak een bijl.
en ik hak de boom om.
weg, mat!'

 'nee, jet!
laat dat!
je gaat te ver.'

bam, daar gaat de boom!
wam, op de kar!

dat was hun boom.
dat was hun kar.
dat was hun hut.
dat was het dan!

5 dom!

 'gaat het, jet?
ben je nog boos?'

 'nee, mat.
maar ik lijk wel gek.
en jij ook.
wat zijn we dom!'

weg is de boom.
weg is de kar.
weg is de hut.
oo, wat dom!

'we gaan, mat.
kom!'

'waar gaan we dan heen?'

 'dáár gaan we heen.'

 'dan maak ik daar een hut.'

 'dat is fijn!
en dan maak ik een kar.'

'dat is fijn!
dan zet ik daar een boom.'

 'fijn is dat!'

daar gaan ze dan.
jet en mat.